*Wir sind Tim und Tina.
Du kennst uns sicher noch von dem Deutschland-Heft.
Diesmal wollen wir uns Europa vornehmen.*

Auf einer alten Karte habe ich gesehen, wie die Griechen sich vor 2500 Jahren Europa vorgestellt haben.

Ganz spannend finde ich eine griechische Sage. Europa ist eine Prinzessin. Eines Tages spielt sie am Strand und da nähert sich ihr der Göttervater Zeus in der Gestalt eines weißen Stieres. Europa hat keine Angst und klettert auf seinen Rücken. Daraufhin entführt Zeus sie auf die griechische Insel Kreta.

Inhaltsverzeichnis

Europa: Gebirge, Flüsse, Meere	2/3
Die Gliederung Europas	4/5
Die Europäische Union	6
Nordeuropa	7
Westeuropa: Großbritannien und Irland	8
Westeuropa: Frankreich und die Beneluxländer	9
Mitteleuropa	10
Osteuropa (ohne Russland)	11
Südosteuropa (Balkanländer	12
Alpenländer	13
Südeuropa – Mittelmeerländer	14/15
Die Länder Europas	16/17
Europa im Gradnetz	18/19
Klima in Europa	20
Rätselflug über Europa	21
Prüfe dein Wissen	22/23
Entfernungen in Europa	24
Europa: Staaten- und Städterätsel	25
Das Schnellbahnnetz in Europa	26
Was gibt es wo in Europa	27
Rekorde in Europa (ohne Russland)	28/29
Europa – Kenner finden die Lösung	30/31
Europa aus verschiedener Sicht	32
Die Welt im Überblick	33

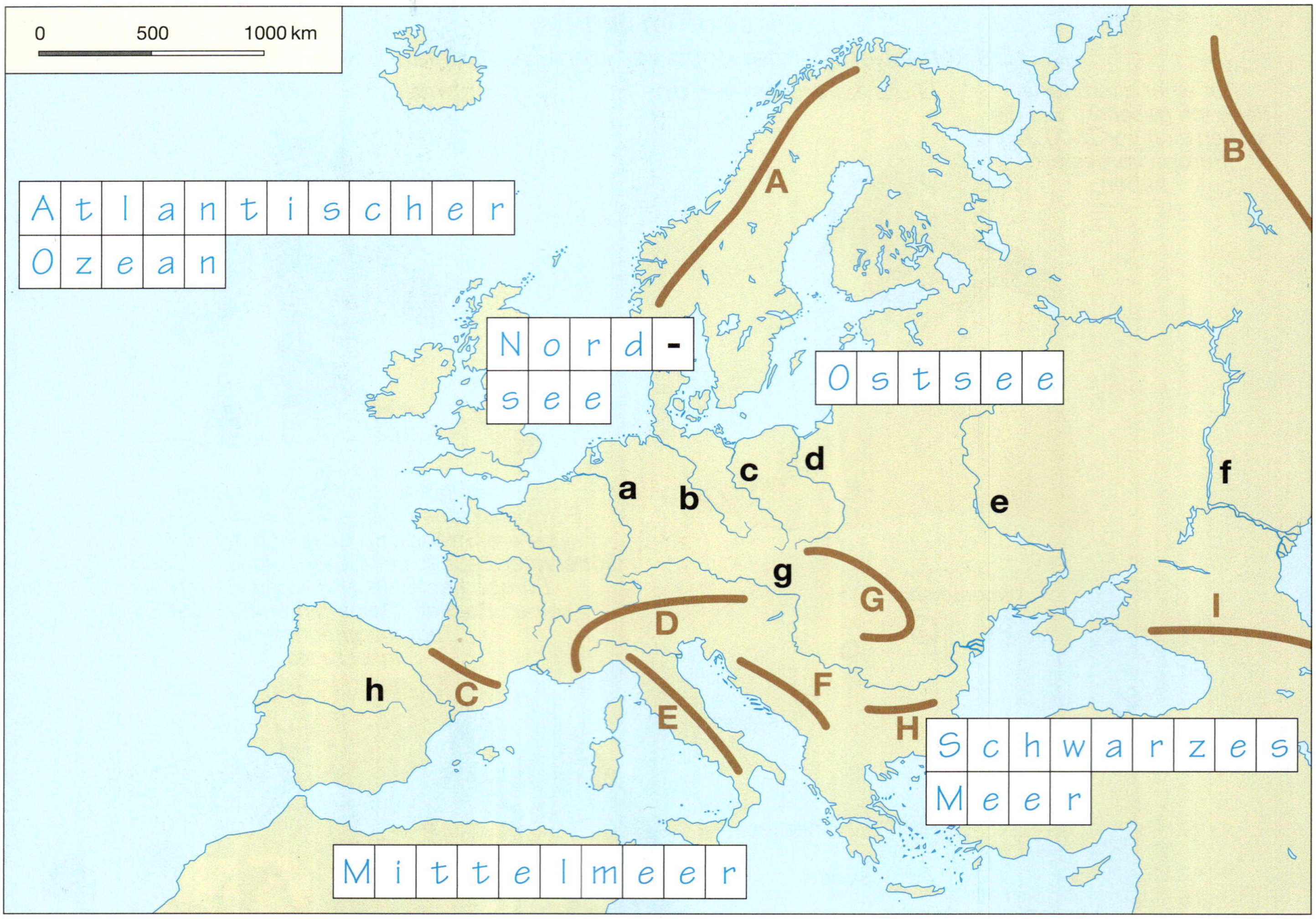

Europa: Gebirge, Flüsse, Meere

1. Beschrifte die Meere (Nordsee, Ostsee, Mittelmeer, Schwarzes Meer, Atlantischer Ozean).

2. Trage die Namen der Flüsse in die Tabelle ein.

- a Rhein
- b Elbe
- c Oder
- d Weichsel
- e Dnjepr
- f Wolga
- g Donau
- h Tajo
- i (not applicable)

3. Schreibe die Namen der Gebirge auf.

- A Skandinavisches Gebirge
- B Ural
- C Pyrenäen
- D Alpen
- E Apenninen
- F Dinarisches Gebirge
- G Karpaten
- H Balkan
- I Kaukasus

Lösungswort: Sport im Gebirge

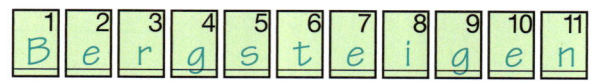
Bergsteigen

4. Millionenstädte

Wie heißen die gesuchten Städte? Sie haben alle über eine Million Einwohner.

- An der Themse **London**
- An der Seine **Paris**
- An der Weichsel **Warschau**
- Am Tiber **Rom**
- An der Spree **Berlin**

- Mitten auf einer großen Halbinsel **Madrid**
- Auf einer Insel in der Ostsee **Kopenhagen**
- 300 km nordöstlich von Paris **Brüssel**
- Auf dem 10. Längengrad ö. L. **Hamburg**
- Am 50. Breitengrad n. B. **Prag**

5. Bekannte Inseln

Nenne 10 europäische Inseln. 5 davon sollen selbstständige Staaten sein. Beginne im Nordwesten.
born-bri-di-en-en-en-groß-holm-ir-is-ka-kor-kre-land-land-li-mal-ni-ni-pern-sar-si-si-ta-ta-tan-zi-zy

1. I[s]land
2. Irlan[d]
3. [G]roßbritannien
4. K[o]rs[i]ka
5. Sar[d]inien
6. Sizilien
7. Mal[t]a
8. Zyp[e]rn
9. Kr[e]ta
10. Bornholm

6. Flüsse

- Fluss von den Alpen zur ... **Rhei[n]**
- Fluss aus dem Sch... zum Schwarzen Meer **D[o]na[u]**
- Fluss von ... **Taj[o]**
- Grenz... **O[d]er**

7. Meer oder See

Setze ein Kreuz ...
Trage einen Punkt ...

- ● Ostsee
- X Steinhuder Meer
- ● Barentssee
- ● Karasee
- ● Genfer See
- ● ...elmeer

Lösungswort:
Randmeere des Atlantiks **Nord - Ostsee**

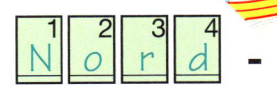

Die Gliederung Europas

Warum hat die Europafahne nur 12 Sterne? Es gibt doch viel mehr Staaten.

Die 12 Sterne im Kreis stehen für alle Staaten in Europa.

Nordeuropa:
Dänemark, Schweden, Norwegen, Island, Finnland, Estland, Lettland, Litauen

Westeuropa:
Großbritannien, Irland, Niederlande, Frankreich, Belgien, Luxemburg

Mitteleuropa:
Deutschland, Österreich, Schweiz, Polen, Tschechische Republik, Slowakei, Ungarn

Osteuropa:
Weißrussland, Ukraine, Moldau, Russland

Südosteuropa:
Slowenien, Kroatien, Bosnien-Herzegowina, Serbien, Montenegro, Kosovo, Albanien, Mazedonien, Rumänien, Bulgarien

Südeuropa:
Portugal, Spanien, Italien, Malta, Griechenland, Zypern

➡ **1. Kennzeichne die Teile Europas in unterschiedlichen Farben. Ziehe zuerst mit Bleistift die Abgrenzungslinien zwischen West-, Mittel-, Nord-, Süd-, Südost- und Osteuropa.**

➡ **2. Welche beiden Meeresstraßen trennen Europa von zwei Kontinenten?**

Straße von G i b r a l t a r und B o s p o r u s

➡ **3. Wie heißt die natürliche Grenze im Süden Europas?**

M i t t e l m e e r

➡ **4. Welches ist der südlichste Staat Europas?**

Z y p e r n

➡ **5. Welches ist der nördlichste Staat Europas?**

N o r w e g e n

➡ **6. Welche drei Länder liegen westlich des Nullmeridians?**

I s l a n d , I r l a n d , P o r t u g a l

➡ **7. Wie heißt der östlichste Staat Europas?**

R u s s l a n d

➡ **Lösungswort:** Teilraum von Europa

M i t t e l e u r o p a

Die Europäische Union

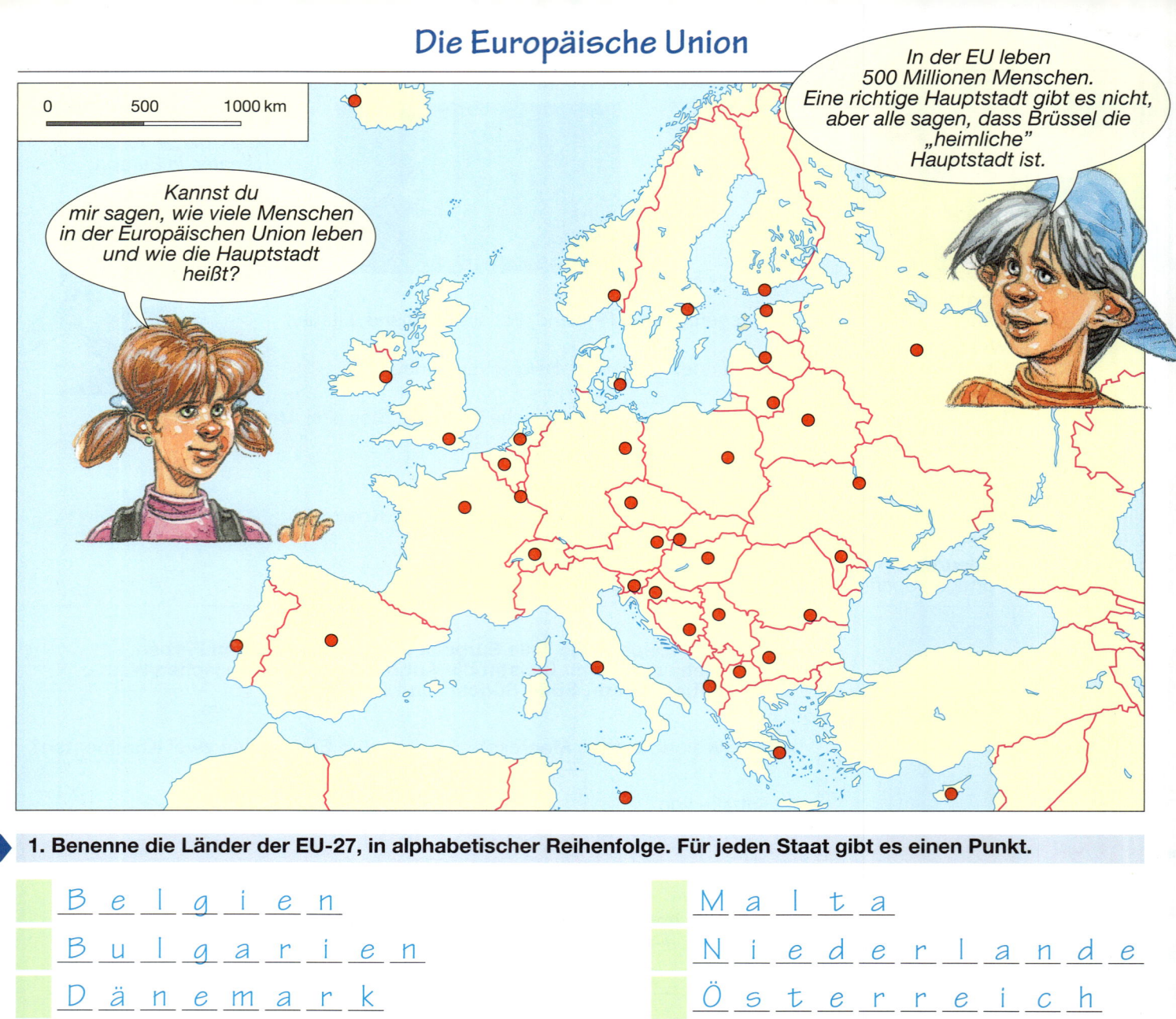

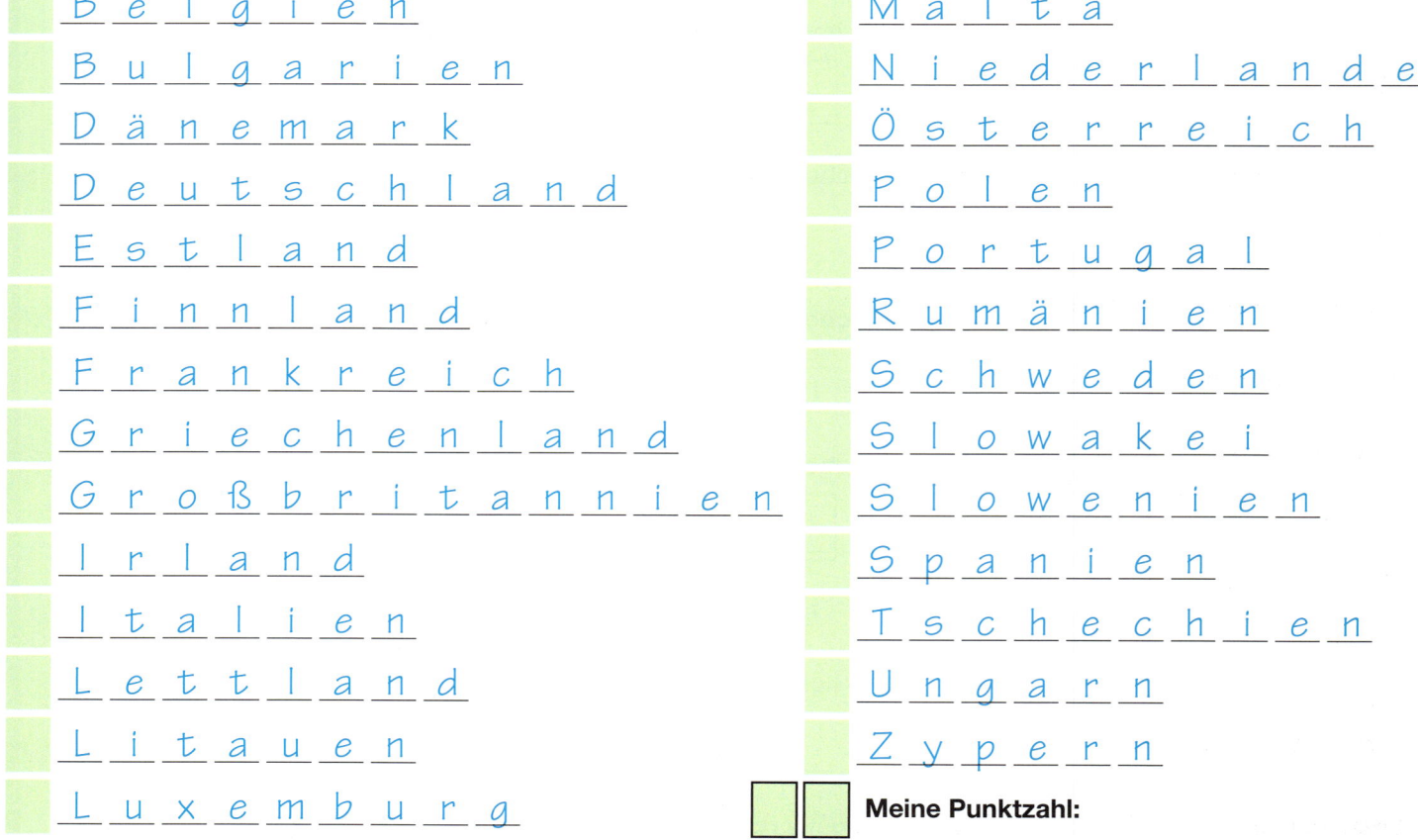

Kannst du mir sagen, wie viele Menschen in der Europäischen Union leben und wie die Hauptstadt heißt?

In der EU leben 500 Millionen Menschen. Eine richtige Hauptstadt gibt es nicht, aber alle sagen, dass Brüssel die „heimliche" Hauptstadt ist.

→ 1. Benenne die Länder der EU-27, in alphabetischer Reihenfolge. Für jeden Staat gibt es einen Punkt.

- Belgien
- Bulgarien
- Dänemark
- Deutschland
- Estland
- Finnland
- Frankreich
- Griechenland
- Großbritannien
- Irland
- Italien
- Lettland
- Litauen
- Luxemburg

- Malta
- Niederlande
- Österreich
- Polen
- Portugal
- Rumänien
- Schweden
- Slowakei
- Slowenien
- Spanien
- Tschechien
- Ungarn
- Zypern

Meine Punktzahl:

→ 2. Schreibe an die Hauptstädte der EU-Länder den Anfangsbuchstaben ihres Namens.

Nordeuropa

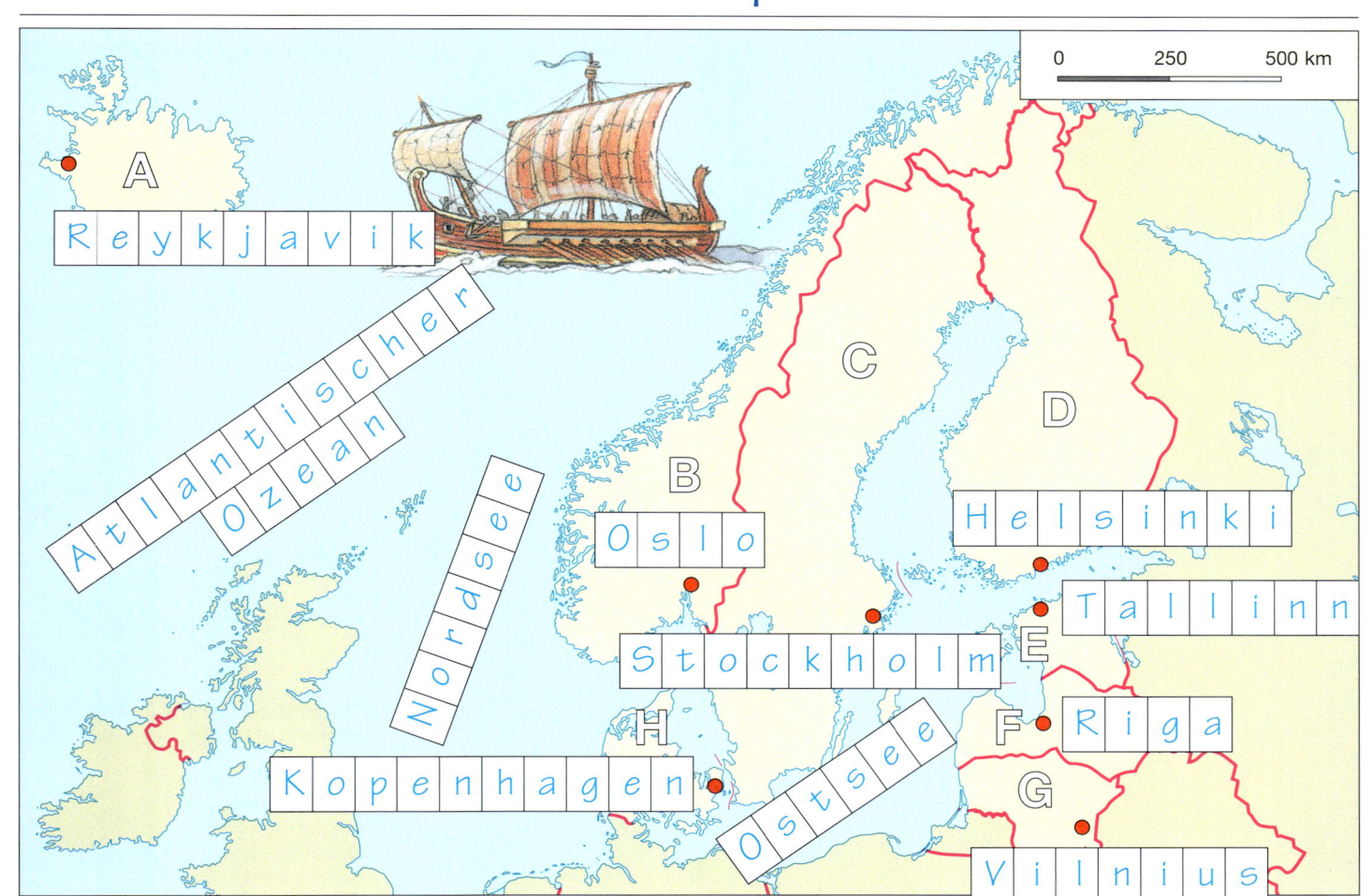

1. Liste die Namen der Staaten auf.

A I s l a n d
B N o r w e g e n
C S c h w e d e n   (1: w)
D F i n n l a n d   (4: i)

E E s t l a n d   (5: d)
F L e t t l a n d (7: e)
G L i t a u e n   (2: i)
H D ä n e m a r k (3: k)

2. Beschrifte alle Hauptstädte der nordeuropäischen Länder.

3. Trage die Namen der Meere ein.

4. Weißt du es?

- Nördlichster Punkt Europas — N o r d k a p (8: r)
- Nördlichste Stadt Europas — H a m m e r f e s t
- Übergang von der Nordsee zur Ostsee — S k a g e r r a k (6: g)
- Meeresstraße zwischen Dänemark und Schweden — K a t t e g a t

Lösungswort: Vorfahren der Norweger

W i k i n g e r

Westeuropa: Großbritannien und Irland

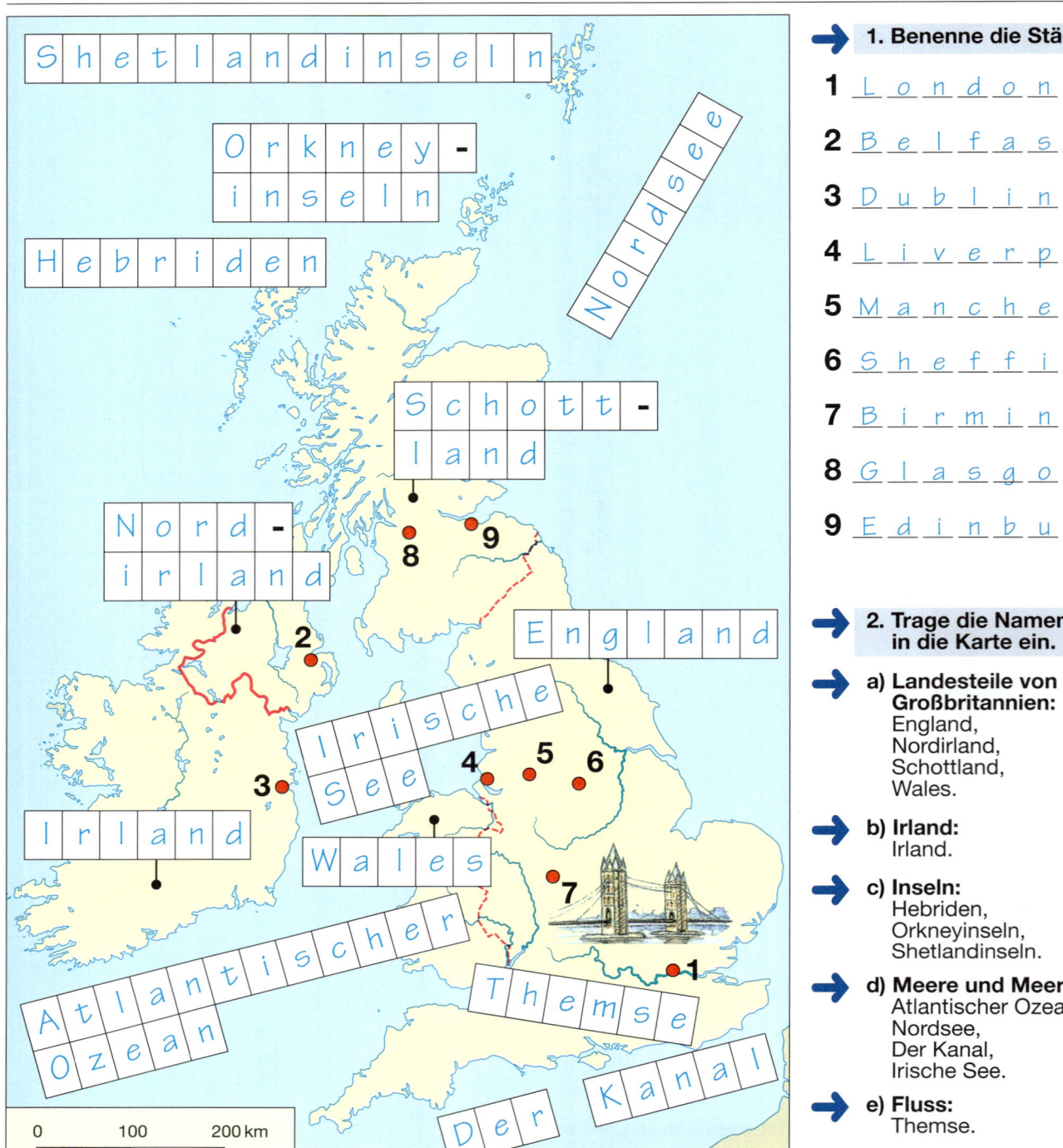

1. Benenne die Städte.

1 London
2 Belfast
3 Dublin
4 Liverpool
5 Manchester
6 Sheffield
7 Birmingham
8 Glasgow
9 Edinburgh

2. Trage die Namen in die Karte ein.

a) **Landesteile von Großbritannien:** England, Nordirland, Schottland, Wales.

b) **Irland:** Irland.

c) **Inseln:** Hebriden, Orkneyinseln, Shetlandinseln.

d) **Meere und Meeresteile:** Atlantischer Ozean, Nordsee, Der Kanal, Irische See.

e) **Fluss:** Themse.

3. Löse das Rätsel.

1	E	D	I	N	B	U	R	G	H		Hauptstadt von Schottland
2				D	U	B	L	I	N		Hauptstadt von Irland
3		S	O	U	T	H	A	M	P	T	O	N	Hafenstadt im Süden Englands
4				T	H	E	M	S	E		Ein allen bekannter Fluss in England
5					W	I	G	H	T		Insel im Süden Englands, auf der Palmen wachsen
6					D	O	V	E	R		Wichtiger Fährhafen im Südosten Englands
7		G	R	E	E	N	W	I	C	H		Vorort von London; hier verläuft der Nullmeridian

Lösungswort (in den rot umrandeten Kästchen von oben nach unten): größte Stadt Schottlands

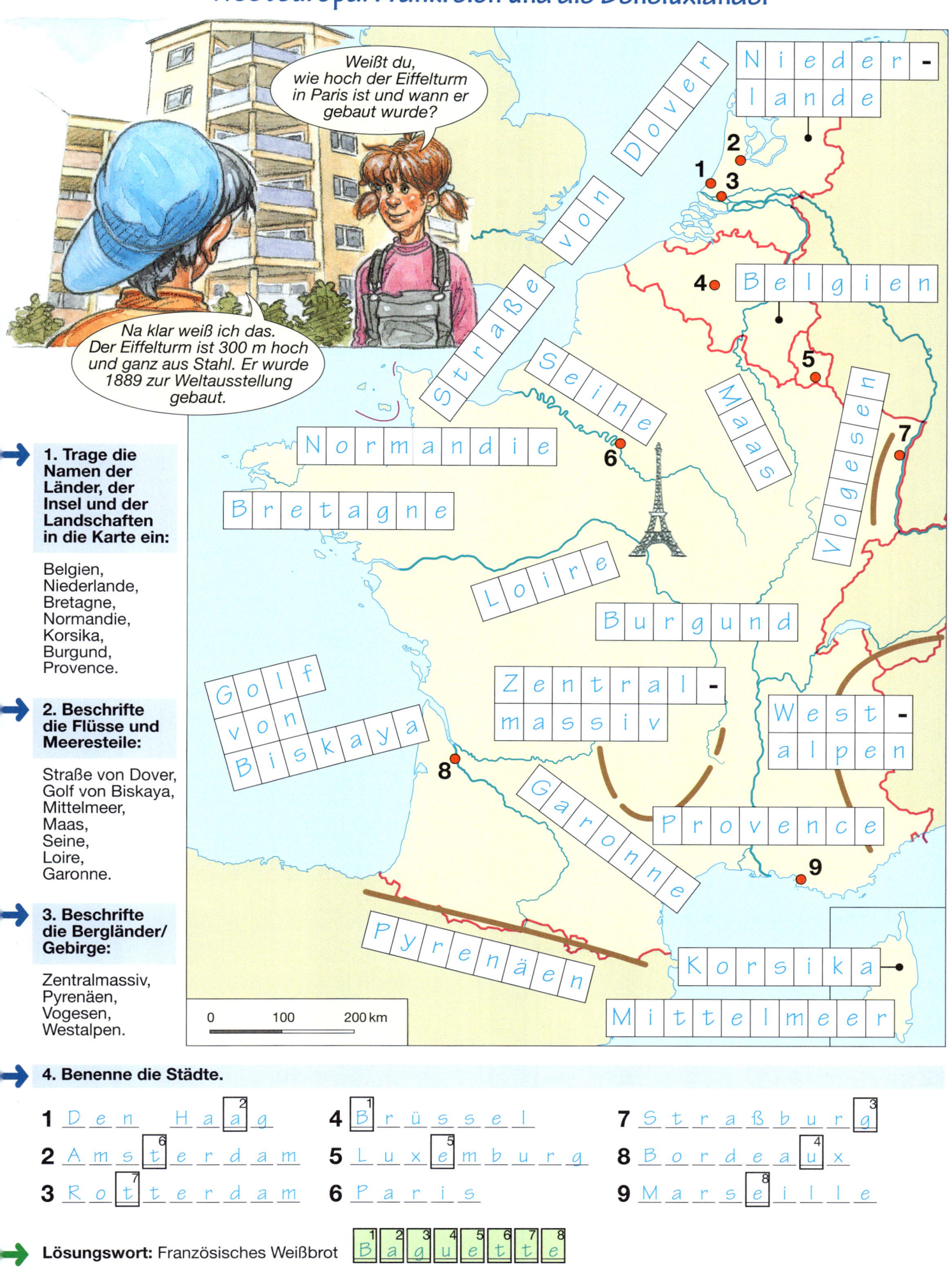

Mitteleuropa

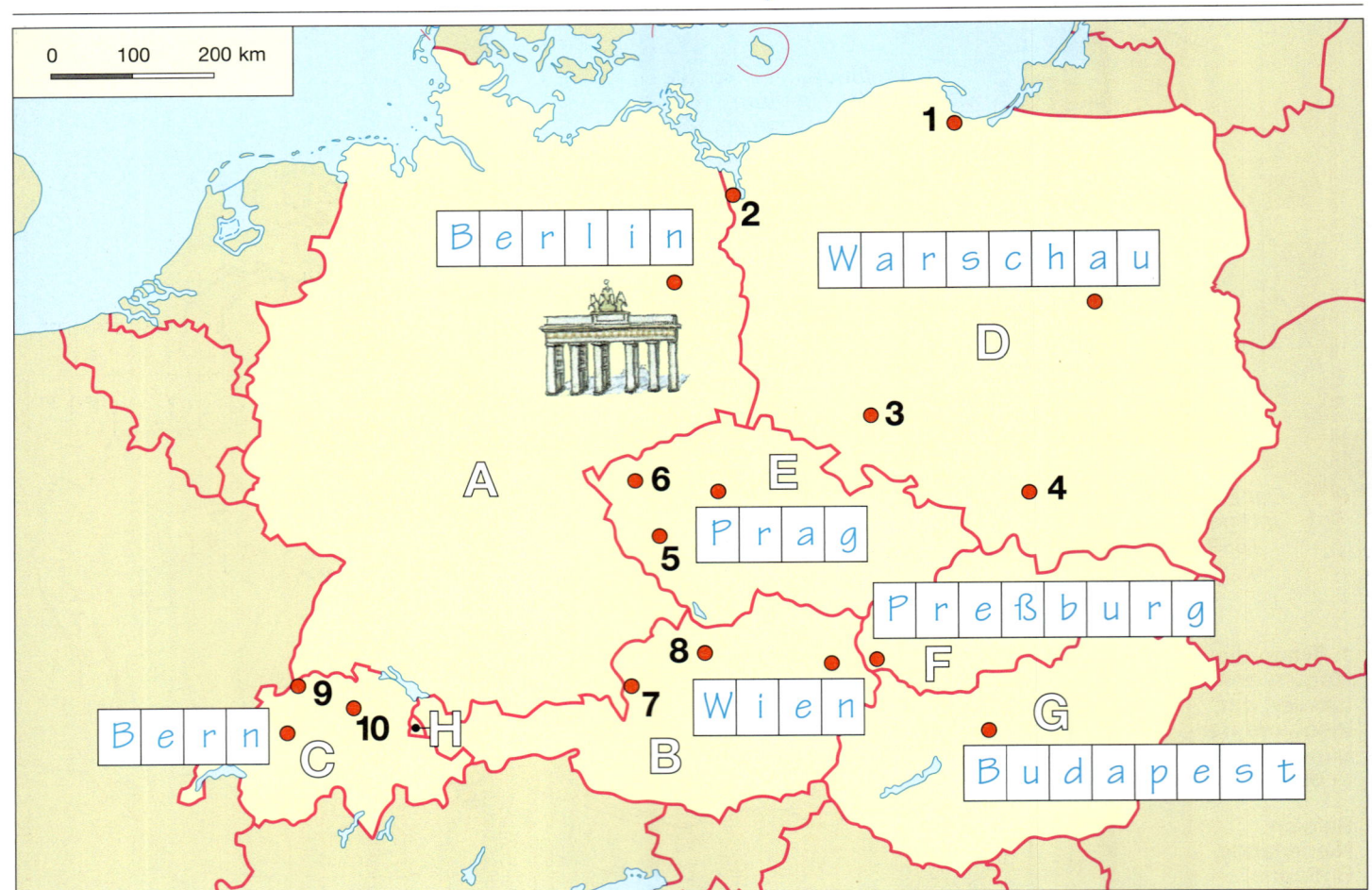

→ 1. Nenne die Länder Mitteleuropas.

A Deutschland E Tschechische
B Österreich   Republik
C Schweiz   F Slowakei
D Polen   G Ungarn
                H Liechtenstein

→ 2. Beschrifte die Hauptstädte der Länder Mitteleuropas.
→ 3. Färbe die Länder Mitteleuropas in verschiedenen Farben.
→ 4. Benenne die Städte.

1 Danzig   5 Pilsen   9 Basel
2 Stettin   6 Karlsbad   10 Zürich
3 Breslau   7 Salzburg
4 Krakau   8 Linz

→ **Lösungswort:** Name eines Sees, der in der Landessprache Balaton heißt.

Plattensee

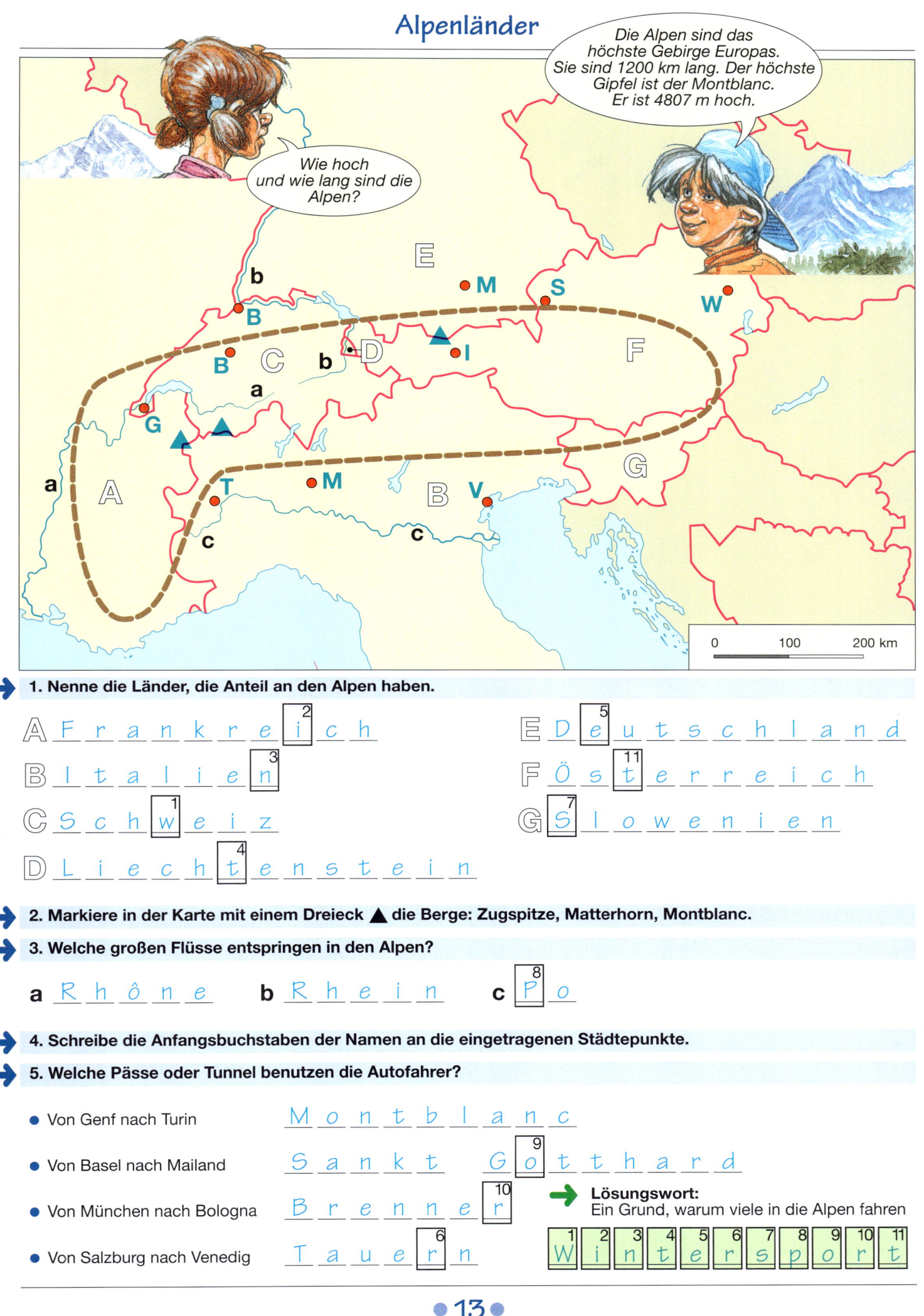

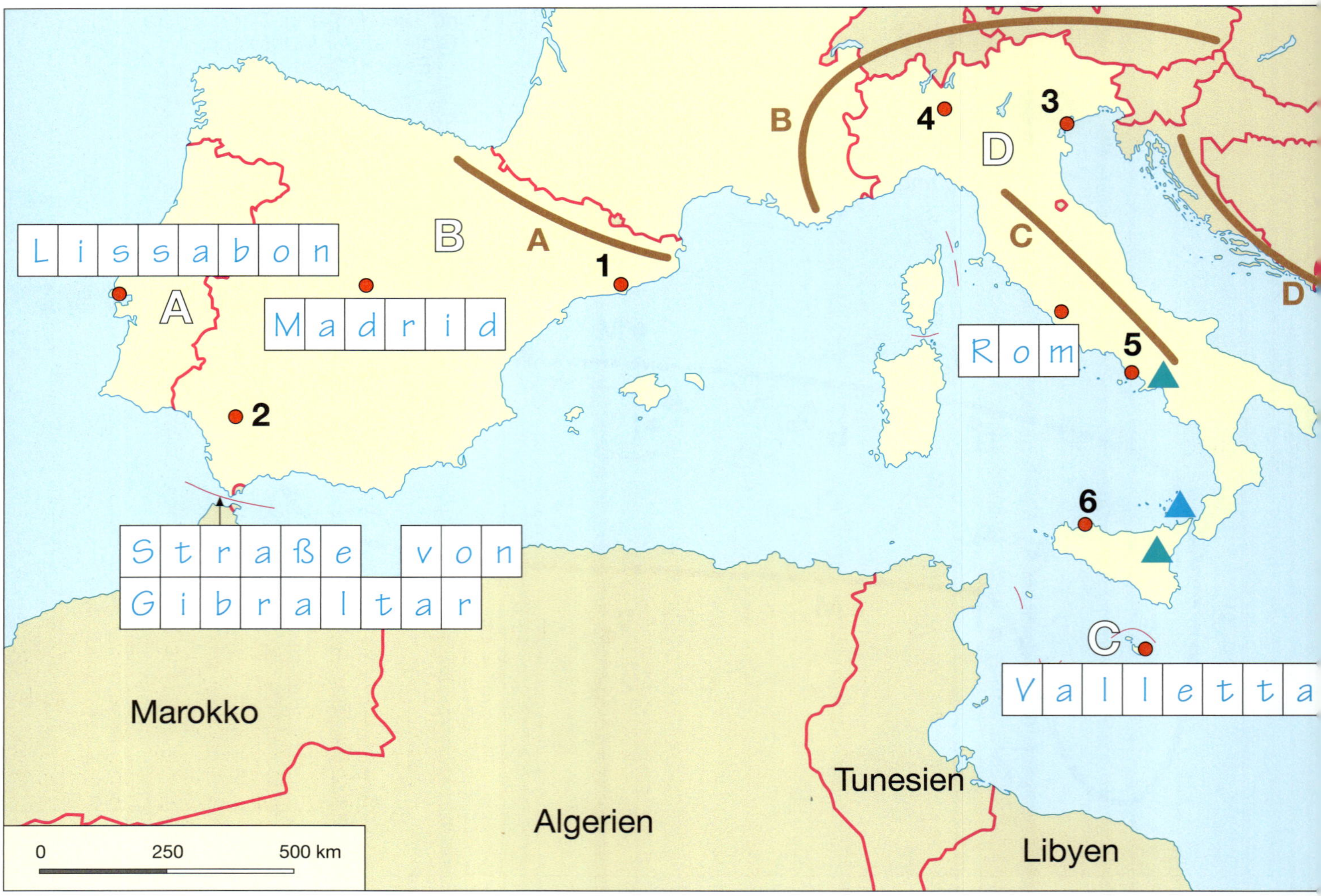

Südeuropa – Mittelmeerländer

→ 1. Beschrifte die Hauptstädte. → 2. Färbe die Länder Südeuropas in verschiedenen Farben.

→ 3. Nenne die Länder Südeuropas.

A Portugal   C Malta   E Griechen-
B Spanien   D Italien   land
                         F Zypern

→ 4. Beschrifte die Meere und Meeresteile.

→ 5. Nenne die Städte.

1 Barcelona   4 Mailand   7 Saloniki
2 Sevilla   5 Neapel
3 Venedig   6 Palermo

→ 6. Nenne die Gebirge.

A Pyr⁴änen   C A²pen⁸inen
B A³lpen   D Di⁵narisches⁷ Geb¹irge⁶

→ Lösungswort:
Inselgruppe im Mittelmeer
mit vielen Urlaubern

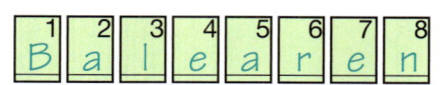
Balearen

Trage die Namen der Staaten ein, die du kennst.
Beispiel: RUS = Russland. Für jeden Staat gibt es 1 Punkt.
Vergleiche deine Punktzahl mit der deines Nachbarn.

Auf Straßen und Parkplätzen siehst du öfter Pkws, Busse und Lkws mit fremden Kennzeichen. Bei welchen weißt du, aus welchem Land sie kommen?

- A — Österreich
- AL — Albanien
- AND — Andorra
- B — Belgien
- BG — Bulgarien
- BIH — Bosnien-Herzegowina
- BY — Weißrussland
- CH — Schweiz
- CY — Zypern
- CZ — Tschechische Republik
- D — Deutschland
- DK — Dänemark
- E — Spanien
- EST — Estland
- F — Frankreich
- FIN — Finnland
- FL — Liechtenstein
- GB — Großbritannien
- GR — Griechenland
- H — Ungarn
- HR — Kroatien
- I — Italien
- IRL — Irland
- IS — Island
- KOS — Kosovo
- L — Luxemburg
- LT — Litauen
- LV — Lettland
- M — Malta
- MC — Monaco
- MD — Moldau
- MK — Mazedonien
- MNE — Montenegro
- N — Norwegen
- NL — Niederlande
- PL — Polen
- P — Portugal
- RO — Rumänien
- RSM — San Marino
- S — Schweden
- SK — Slowakei
- SLO — Slowenien
- SRB — Serbien
- UA — Ukraine
- V — Vatikanstadt

Meine Punktzahl:

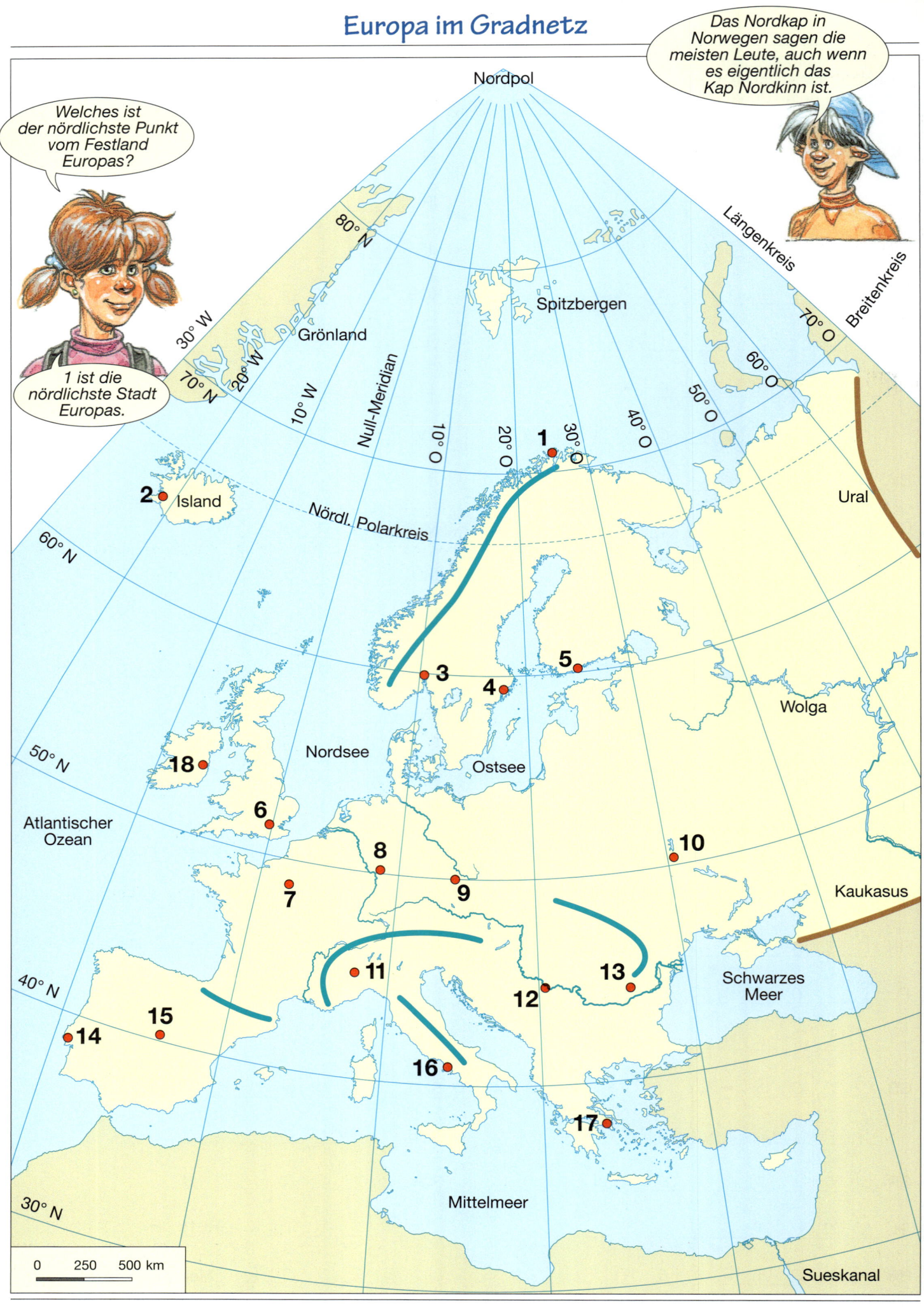

Gebirge in Europa

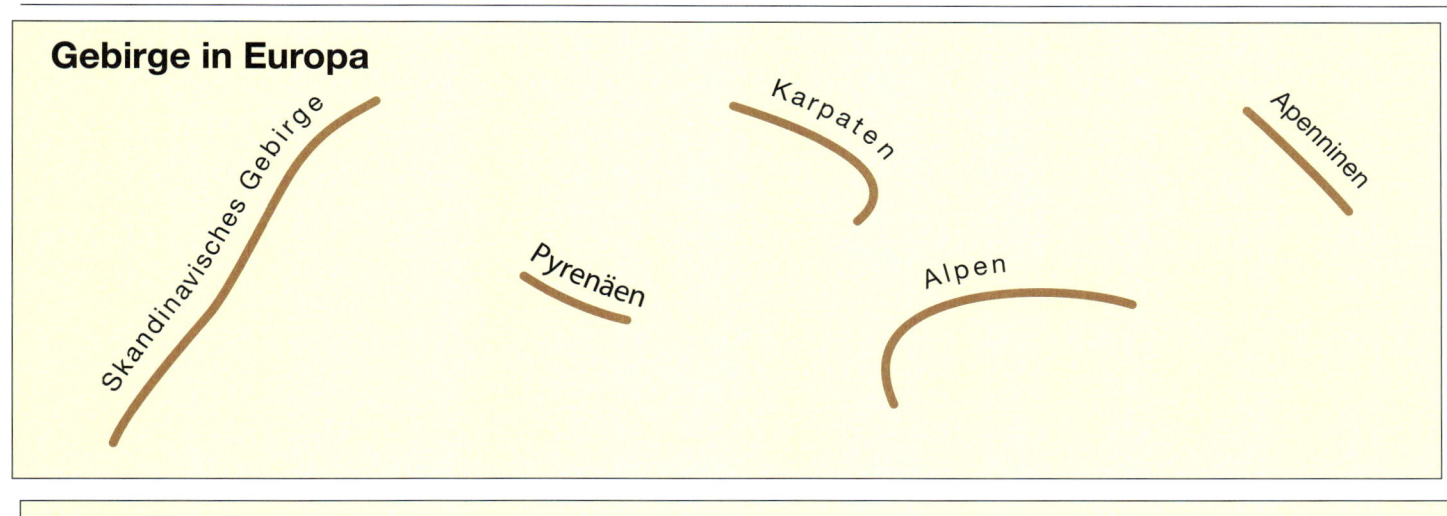

Flüsse in Europa

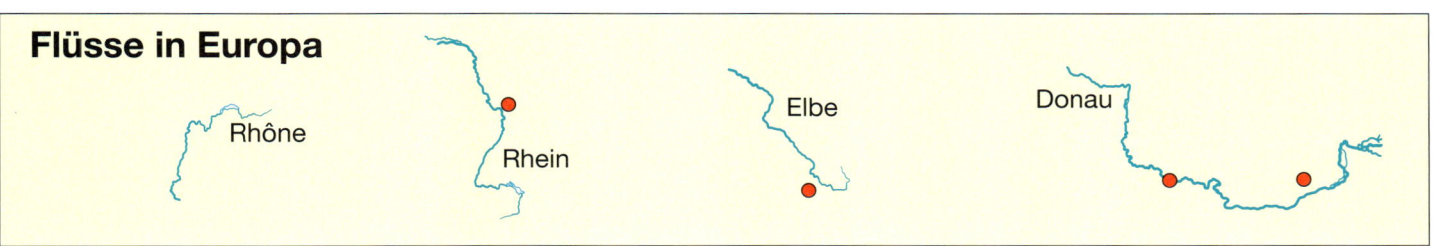

→ 1. Lege ein Blatt Papier über die Darstellung der Gebirge und Flüsse. Zeichne nach, schneide aus und klebe zuerst die Flüsse, dann die Gebirge in die Karte auf der linken Seite. Nimm den Atlas zu Hilfe und orientiere dich an den Längen- und Breitenkreisen.

→ 2. Trage zu den Gradangaben die Namen der Städte hier ein.

Städte im Norden Europas
etwa auf 60° nördlicher Breite

- 3 59°55' N   O s l o
- 4 59°20' N   S t o c k [h¹] o l m
- 5 60°10' N   H [e⁸] l s i n k i

Städte in der Mitte Europas
etwa auf 50° nördlicher Breite

- 6 51°30' N   L o n d o n
- 7 48°52' N   P [a²] r i s
- 8 50°07' N   F r a n k [f⁷] u r t
- 9 50°05' N   P r a g
- 10 50°26' N   K i [e⁵] w

Städte im Süden Europas
etwa auf 45° nördlicher Breite

- 11 45°03' N   T u r i n
- 12 44°50' N   B e l g [r⁶] a d
- 13 44°26' N   B u k a r e s [t¹⁰]

Städte im Süden Europas
etwa auf 40° nördlicher Breite

- 14 37°43' N   L i s [s⁹] a b o n
- 15 40°24' N   [M³] a d r i d
- 16 40°51' N   N e a p e l
- 17 37°58' N   A t h e n

Städte Europas westlich des Nullmeridians

- 2 21°51' W   R e y k j a v i k
- 18 6°15' W   D u b l i n
- 15 3°41' W   [M⁴] a d r i d
- 14 9°08' W   L i s s a b o n

Das kann ich mir leicht merken: Der Abstand von einem Breitenkreis zum anderen beträgt 111 km. Der Nullmeridian verläuft durch Greenwich. Das ist ein Vorort von London.

→ **Lösungswort:** Stadt in 71°N / 23°O

1	2	3	4	5	6	7	8	9	10
H	a	m	m	e	r	f	e	s	t

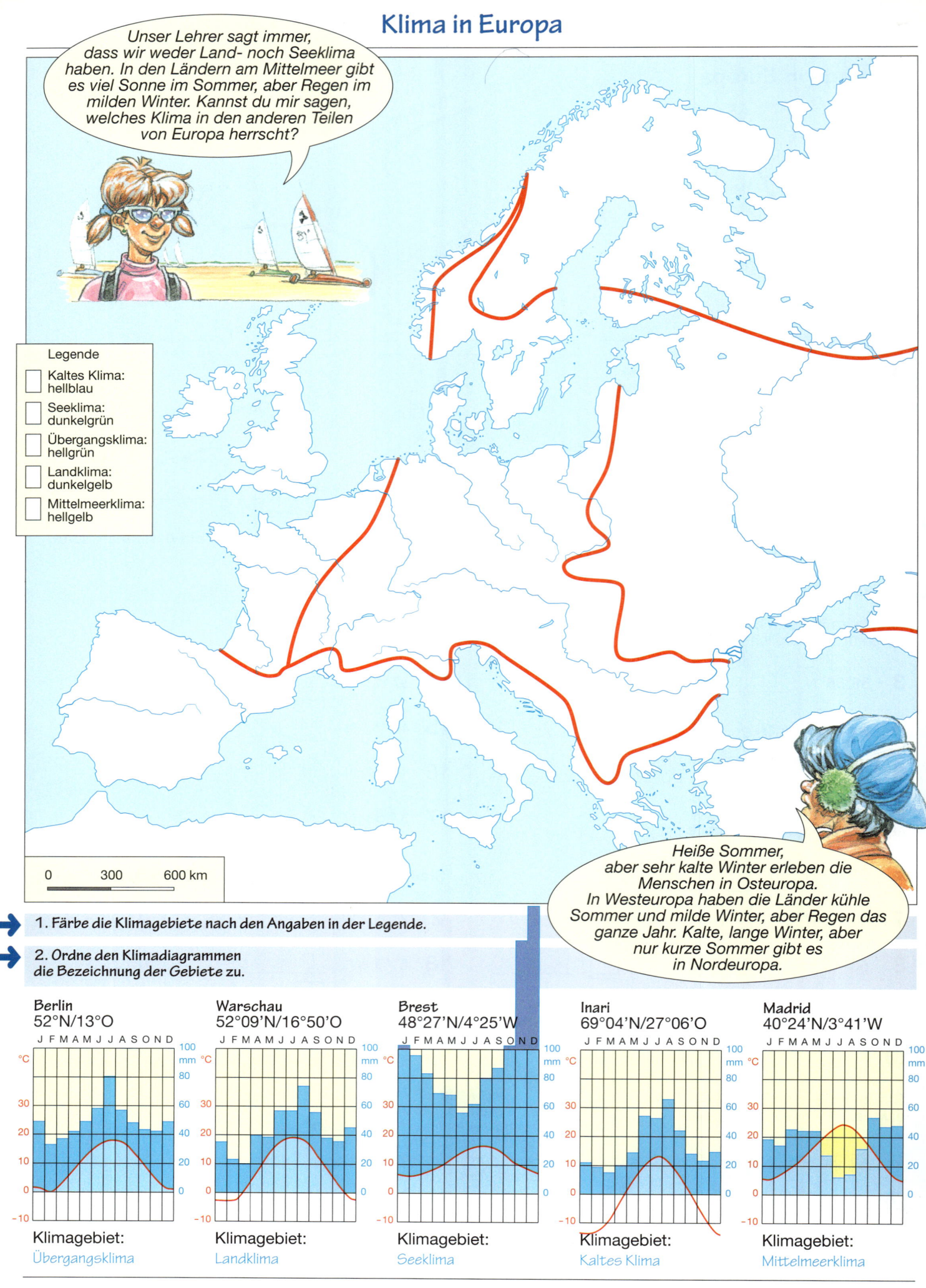

Rätselflug über Europa

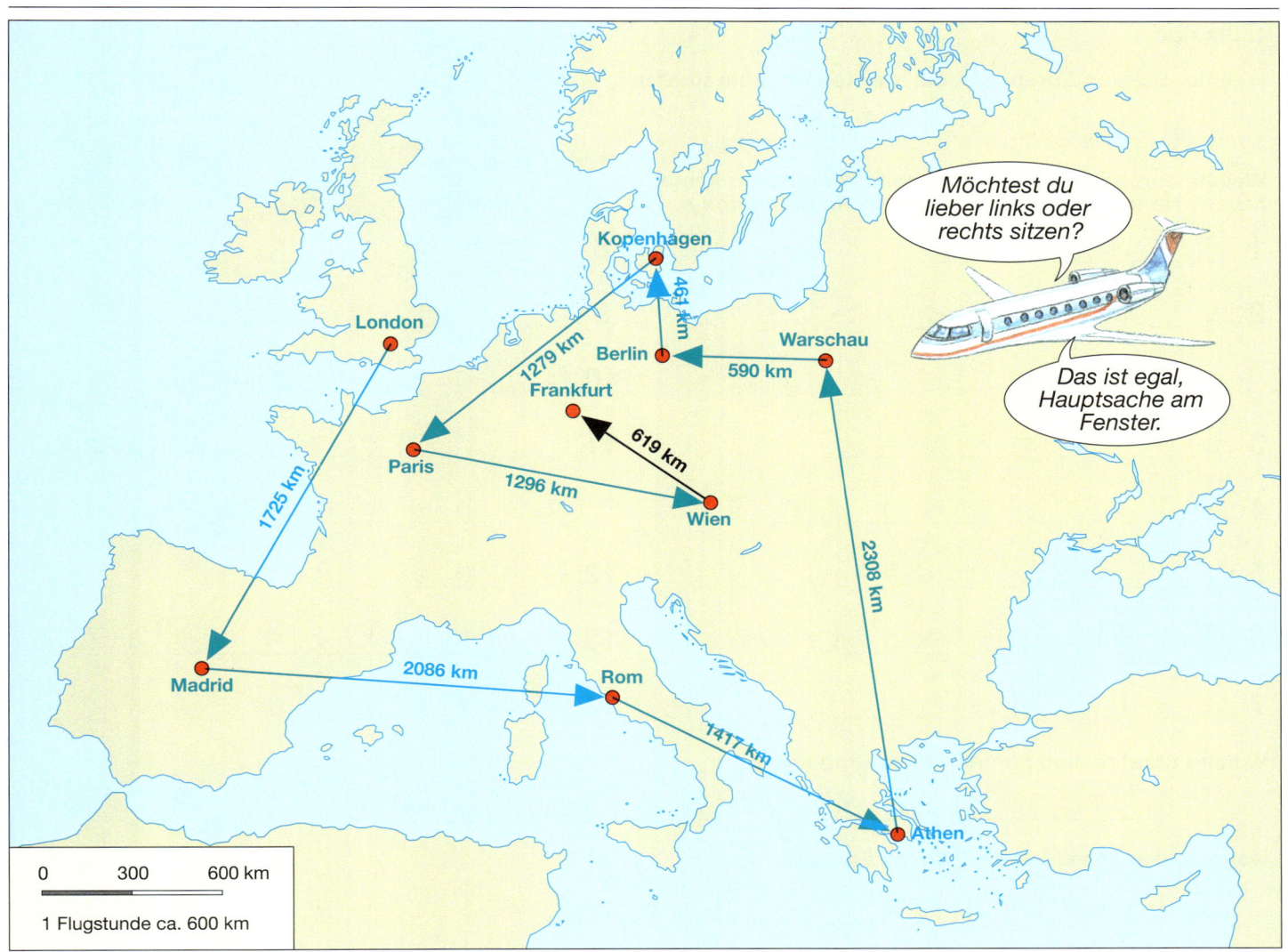

→ 1. Trage die Städtenamen in den Lückentext ein.
→ 2. Trage anschließend die Flugrouten als Linien in die Karte ein.
→ 3. Füge auch die Entfernungsangaben hinzu (Entfernungstabelle auf S. 24).

Von London geht der Flug in Richtung SSW zu einer Stadt in der Mitte einer großen Halbinsel: __Madrid__. Von hier geht es weiter in östlicher Richtung zu einer Hauptstadt, die fast an der Küste liegt, __Rom__, weiter in südöstlicher Richtung und wieder zu einer Hauptstadt am Meer: __Athen__. Mit Kurs NNW geht es über 2300 km zur nächsten Hauptstadt, __Warschau__. Von dort ist es eine Flugstunde in westlicher Richtung zum nächsten Ziel, __Berlin__, von dort eine Dreiviertelstunde nach Norden zu einer Hauptstadt am Meer, __Kopenhagen__, und nun wieder Richtung Südwest zur Hauptstadt des größten Nachbarstaates von Deutschland, __Paris__. Mit Kurs OSO geht der Flug zur Hauptstadt unseres Nachbarlandes an der Donau, __Wien__. Zum Abschluss geht der Flug in westlicher Richtung über 620 km zum größten Flughafen in Deutschland: __Frankfurt__.

Prüfe dein Wissen

Uns geht ein Licht auf!

1. Staaten

Welcher Staat in Europa hat die meisten Nachbarstaaten?

Deutschland

Welche europäischen Länder haben wie Kosovo keine Küste? Nenne sie in der alphabetischen Reihenfolge.

1. Andorra
2. Liechten-stein
3. Luxemburg
4. Mazedonien
5. Moldau
6. Österreich
7. San Marino
8. Schweiz
9. Serbien
10. Slowakei
11. Tschechische Republik
12. Ungarn
13. Vatikanstadt
14. Weißrussland

Welche Staaten sind nur vom Meer umgeben?

Island und Malta und Zypern

Nenne die sechs kleinsten Staaten Europas.

Andorra
Monaco
Liechtenstein
Vatikanstadt
San Marino
Malta

2. Flüsse

Wie heißen die beiden mitteleuropäischen Flüsse, die in der Ostsee münden?

Oder und Weichsel

Wie heißt der Fluss, der in Deutschland entspringt und durch acht Staaten fließt?

Donau

In welchem Meer münden …?

Dnjestr, Donau, Elbe, Loire, Oder, Po, Rhein, Rhône, Seine, Tajo/Tejo, Themse, Weichsel, Weser

Ostsee	Nordsee	Atlantik	Mittelmeer	Schwarzes Meer
Weichsel	Elbe	Seine	Rhône	Donau
Oder	Weser	Loire	Po	Dnjestr
	Rhein	Tajo/Tejo		
	Themse			

3. Gebirge

Ordne die Längenangaben den Gebirgen zu: 435 km, 1100 km, 1200 km, 1300 km, 1800 km.

Alpen 1200 km
Apenninen 1100 km
Pyrenäen 435 km
Karpaten 1300 km
Skandinavisches Gebirge 1800 km

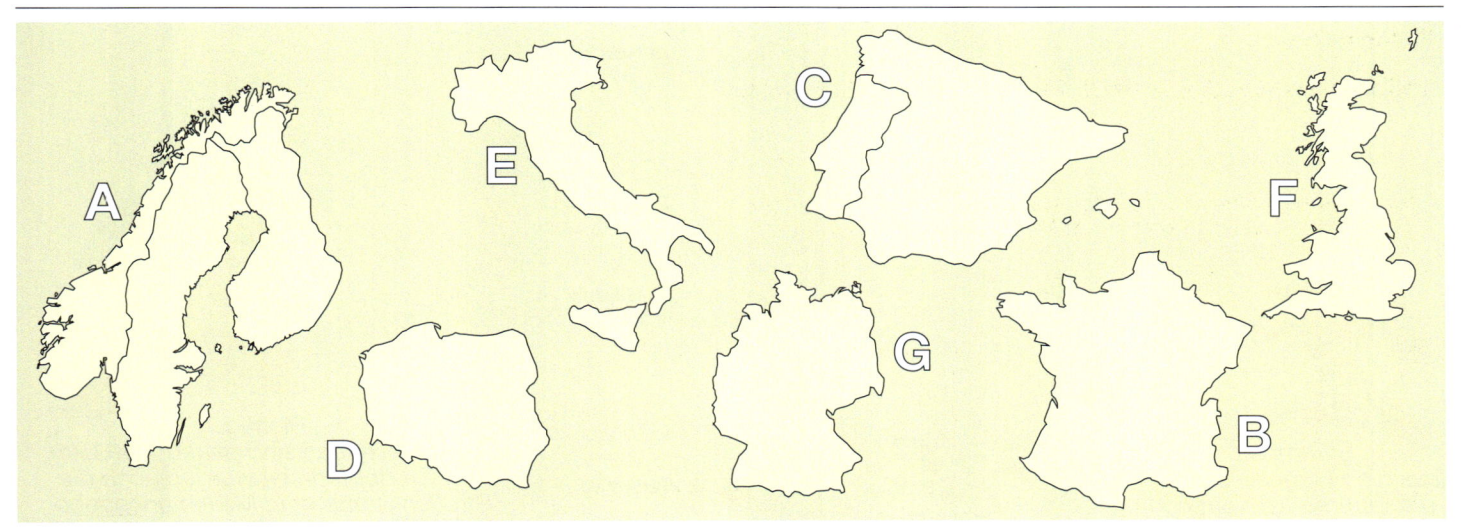

4. Ordne den Umrissen die Ländernamen zu.

A Norwegen +
   Schweden +
   Finnland

B Frankreich

C Portugal +
   Spanien

D Polen

E Italien

F Groß-
   britannien

G Deutschland

5. Löse die Schnecke in Pfeilrichtung. Der Endbuchstabe eines Wortes ist der Anfangsbuchstabe des nächsten Wortes.

A = Ein Alpenland
B = Hauptstadt Finnlands
C = Staat im Atlantik
D = Nachbarland Deutschlands
E = Gebirge in Südosteuropa
F = Randmeer des Atlantiks
G = Name eines Kontinents
H = Hauptstadt der Niederlande
I = Südliche Abgrenzung Europas
J = Staat, der zum Teil in Europa liegt
K = Land in der Mitte Europas
L = Hauptstadt eines Inselstaates
M = Nördlichstes Land Europas
N = Millionenstadt in Süditalien

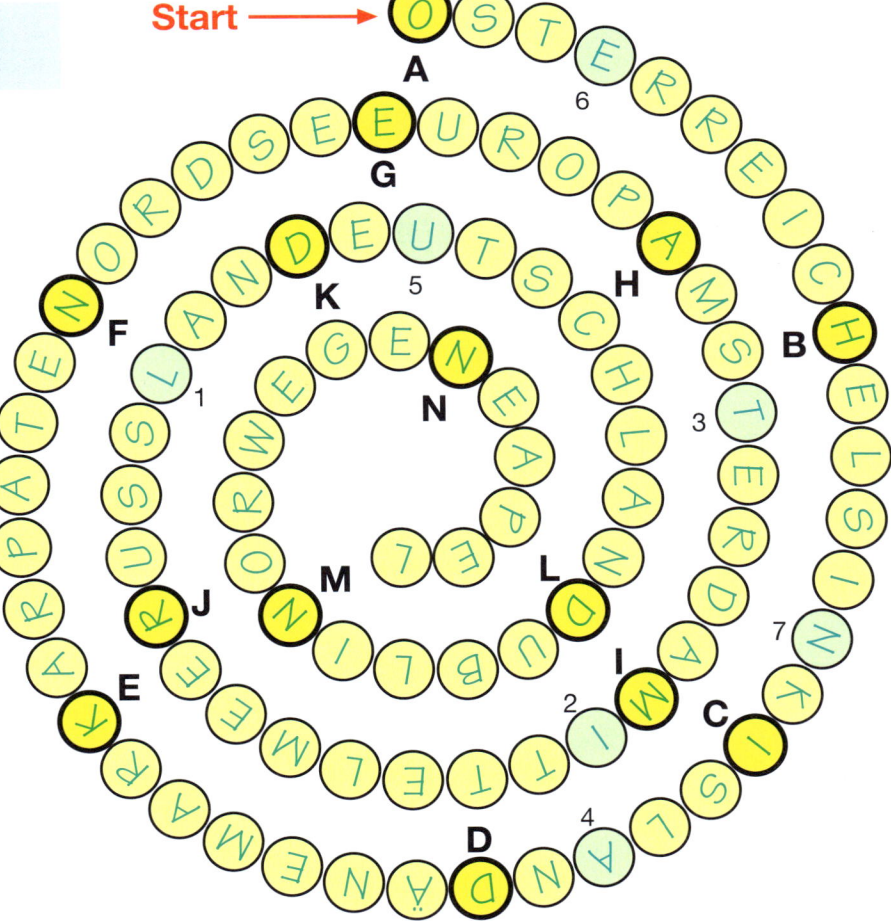

Lösungswort:
Ziffern an der Schnecke = Staat an der Ostsee

1	2	3	4	5	6	7
L	i	t	a	u	e	n

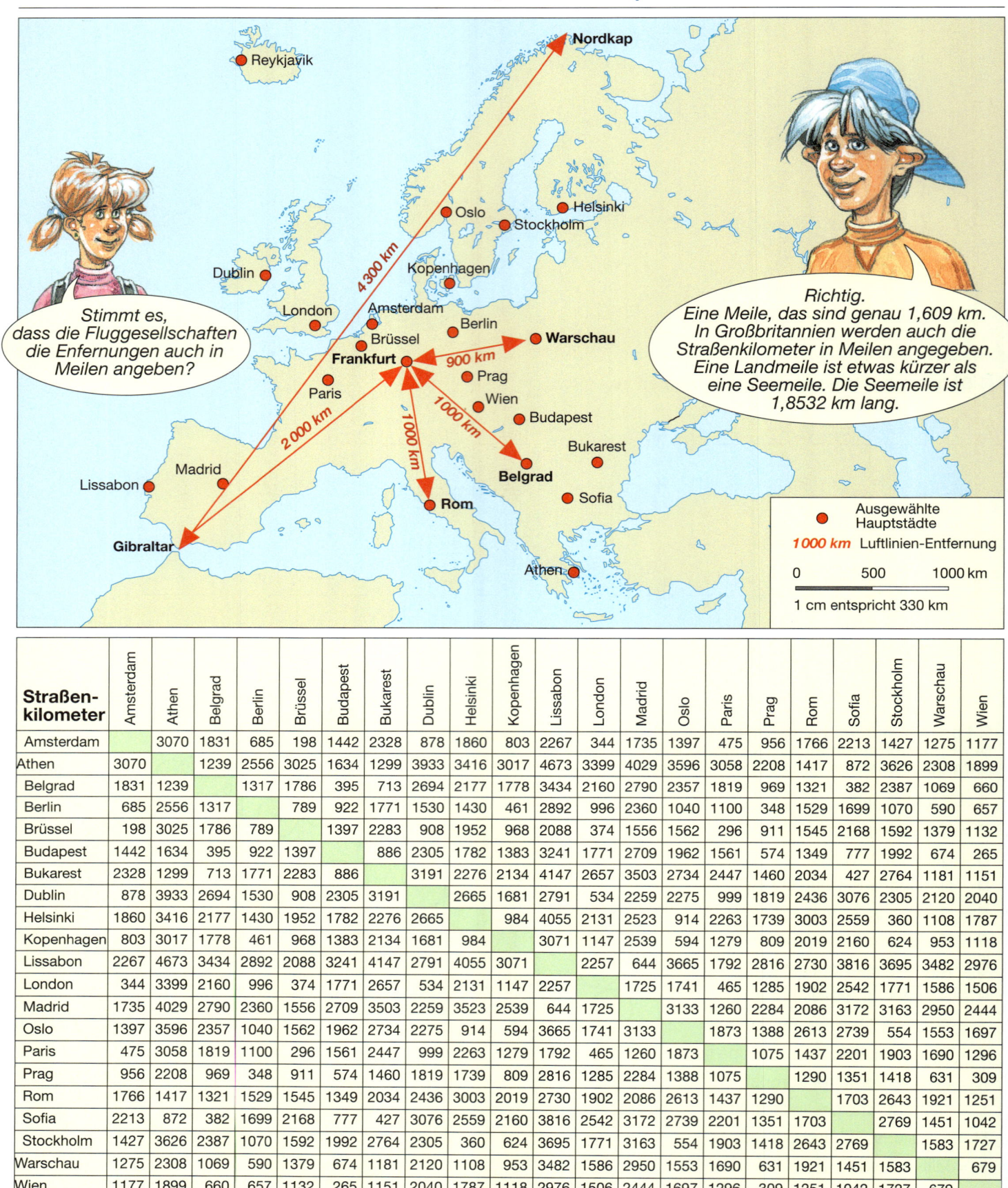

Europa: Staaten- und Städterätsel

Die Hauptstädte sind vorgegeben. Trage die Länder mit Bleistift ein. Versuche es zuerst ohne Atlas.

1. Tirana	10. Paris	19. Vaduz	28. Wien	37. Madrid
2. Andorra	11. Athen	20. Vilnius	29. Warschau	38. Prag
3. Brüssel	12. London	21. Luxemburg	30. Lissabon	39. Kiew
4. Sarajevo	13. Dublin	22. Valletta	31. Bukarest	40. Budapest
5. Sofia	14. Reykjavik	23. Skopje	32. San Marino	41. Vatikanstadt
6. Kopenhagen	15. Rom	24. Kischinau	33. Stockholm	42. Minsk
7. Berlin	16. Belgrad	25. Monaco	34. Bern	43. Nikosia
8. Tallinn	17. Zagreb	26. Amsterdam	35. Preßburg	
9. Helsinki	18. Riga	27. Oslo	36. Laibach	

Das Schnellbahnnetz in Europa

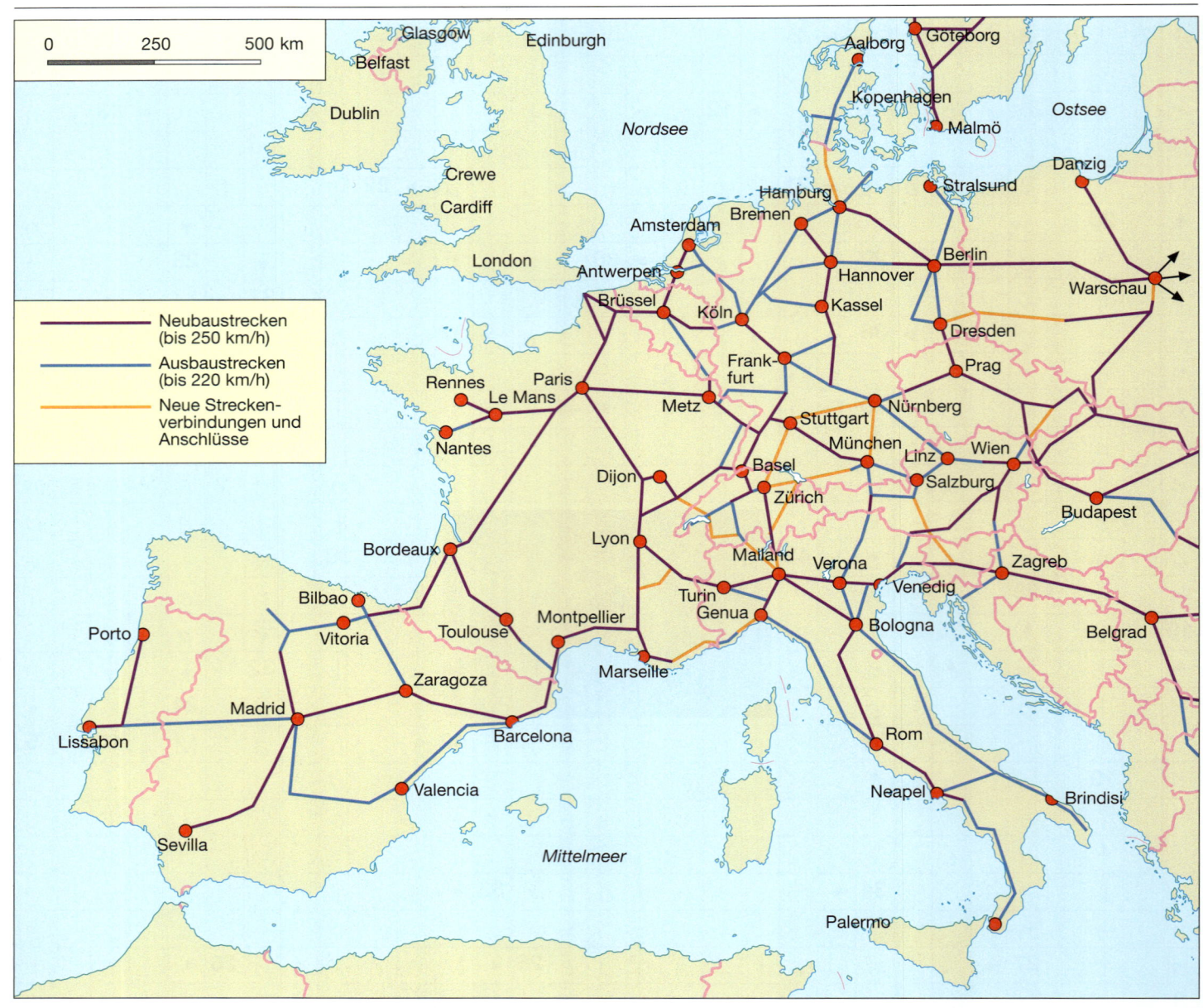

→ Welche Strecken würdest du wählen um möglichst schnell den Zielort zu erreichen? Beschreibe die Verbindungen.

→ **Glasgow – Wien**   Crewe → London → Brüssel → Köln → Frankfurt → Nürnberg → Linz

→ **Lissabon – Malmö**   Madrid → Vitoria → Bordeaux → Paris → Brüssel → Köln → Bremen → Hamburg → Kopenhagen

→ **Palermo – Hamburg**   Neapel → Rom → Bologna → Verona → München → Nürnberg → Kassel → Hannover

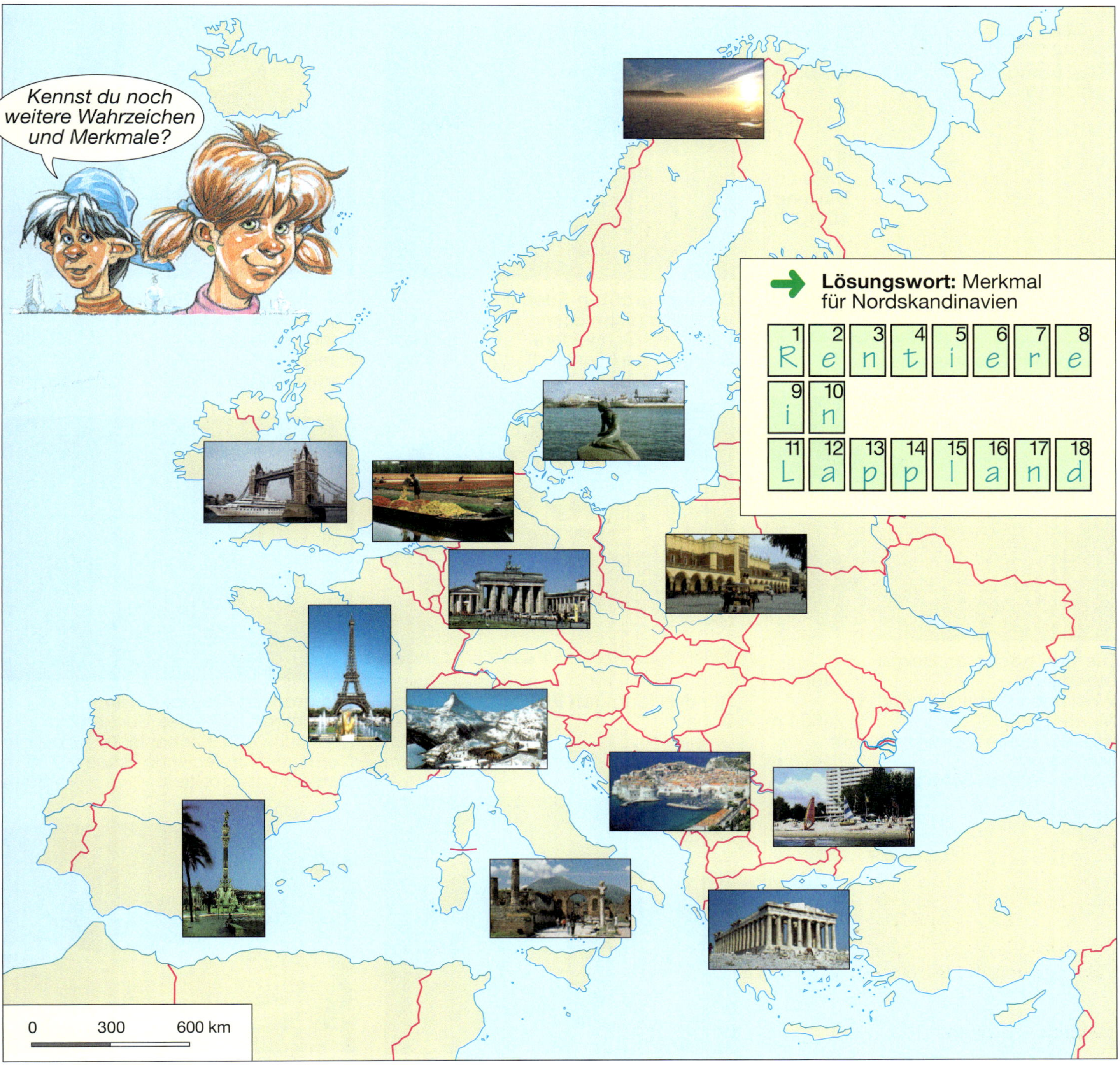

Was gibt es wo in Europa?

Kennst du noch weitere Wahrzeichen und Merkmale?

Lösungswort: Merkmal für Nordskandinavien

1	2	3	4	5	6	7	8
R	e	n	t	i	e	r	e

9	10
i	n

11	12	13	14	15	16	17	18
L	a	p	p	l	a	n	d

➡ **Trage die Stadt, das Land oder die Ländergruppe ein.**

Akropolis — A t h[4] e n

Urlaubsland am Schwarzen Meer — B[1] u l g a r i e n[10]

Brandenburger Tor — B e[2] r l i[15] n

Eiffelturm — P[14] a r i s[5]

„Perle der Adria" mit Hafenfestung — D u b r o v n[3] i k

Denkmal für Kolumbus in — B a[16] r c e l[8] o n a

Matterhorn — S c h w e[6] i z

Meerjungfrau — K o p[13] e n h a g e n[17]

Mitternachtssonne — S k a n d i[9] - n a v i e n

Tower Bridge — L o n[18] d o n

Tulpenfelder — N i e d[7] e r l a n d e

Größter Marktplatz Europas — K r a[12] k a u

Vesuv — I[11] t a l i e n

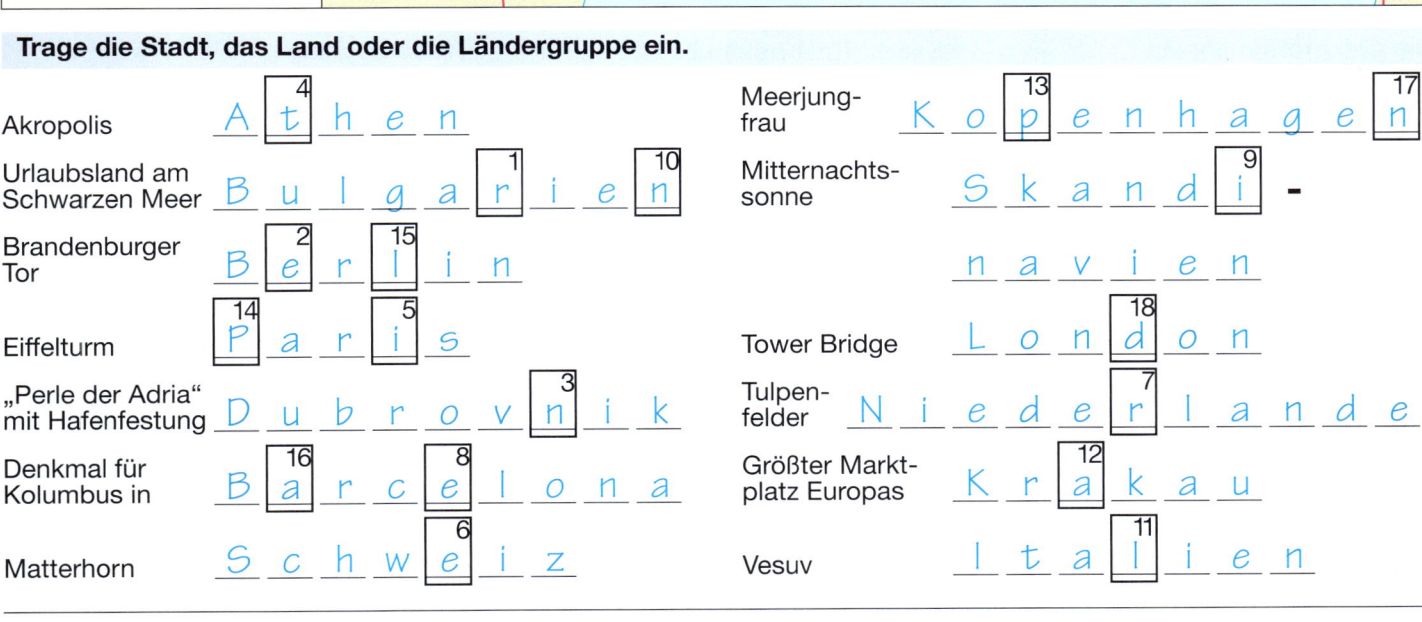

27

Rekorde in Europa (ohne Russland)

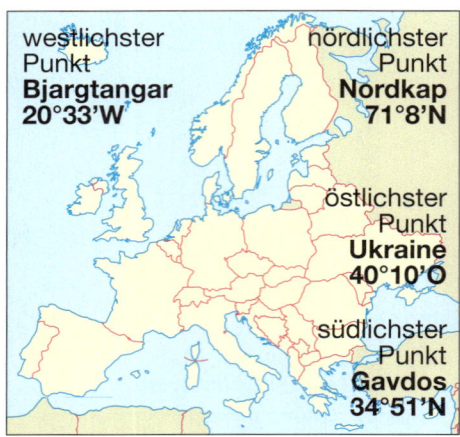

Europa im Gradnetz

Die drei größten Seen (Fläche)
Vänersee (Schweden)	5584 km²
Vättersee (Schweden)	1899 km²
Saimaa-See (Finnland)	1460 km²

Die drei größten Flughäfen
(Passagiere im Jahr 2011)
London/Heathrow	69 Mio.
Paris/Charles-de Gaulle	61 Mio.
Frankfurt/Rhein-Main	56 Mio.

Die drei höchsten Berge
Montblanc	4807 m
Westalpen (Frankreich/Italien)	
Monte Rosa	4634 m
Walliser Alpen (Schweiz/Italien)	
Matterhorn	4478 m
Walliser Alpen (Schweiz/Italien)	

Die drei längsten Flüsse
Donau	2858 km
Dnjepr	2285 km
Rhein	1233 km

Die größten Meerestiefen
Mittelmeer: Ionisches Becken (westlich von Griechenland)	5121 m
Nordsee: Norwegische Rinne	725 m
Ostsee: Landsorttiefe	459 m

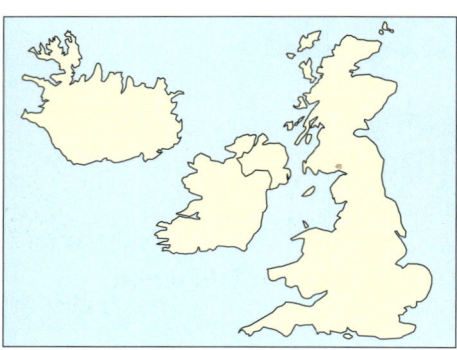

Die drei größten Inseln
Großbritannien	227 580 km²
Island	103 000 km²
Irland	84 426 km²

Die drei längsten Seeschifffahrtskanäle
Nord-Ostsee-Kanal	98,7 km
Amsterdam-Rhein-Kanal	72,0 km
Donau-Schwarzmeer-Kanal	64,2 km

Die drei Städte mit dem höchsten Niederschlag
Bergen (Norwegen)	2000 mm/J.
Podgorica (Jugoslawien)	1632 mm/J.
Rijeka (Kroatien)	1548 mm/J.

Die drei größten Städte mit Umland
Paris	10,2 Mio. Einwohner
London	8,3 Mio. Einwohner
Madrid	6,3 Mio. Einwohner

Die drei größten Seehäfen
(Umschlag im Jahr 2011)
Rotterdam (Niederlande)	435 Mio. t
Antwerpen (Belgien)	187 Mio. t
Hamburg (Deutschland)	132 Mio. t

Längster Eisenbahntunnel
Eurotunnel (unterm Ärmelkanal)	50 km
Gotthard-Basistunnel (ab 2017)	57 km

Die drei größten Vulkane (Höhe)
Ätna (Italien) 3340 m
Vesuv (Italien) 1277 m
Stromboli (Italien) 926 m

Die drei größten Gletscher (Fläche)
Vatnajökull (Island) 8100 km²
Jostedalsbre (Norwegen) 500 km²
Svartis (Norwegen) 400 km²

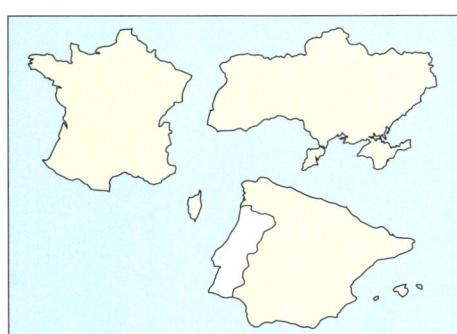

Die drei Länder mit der größten Fläche
Ukraine 603 700 km²
Frankreich 544 000 km²
Spanien 505 000 km²

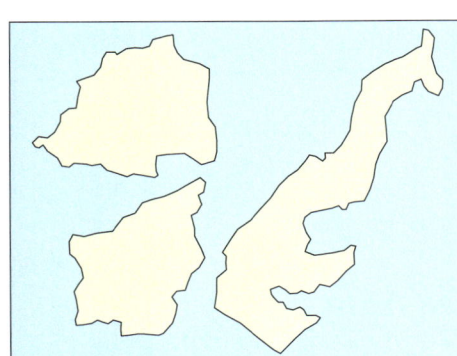

Die drei Staaten mit der kleinsten Fläche
Vatikanstadt 0,44 km²
Monaco 1,95 km²
San Marino 60,57 km²

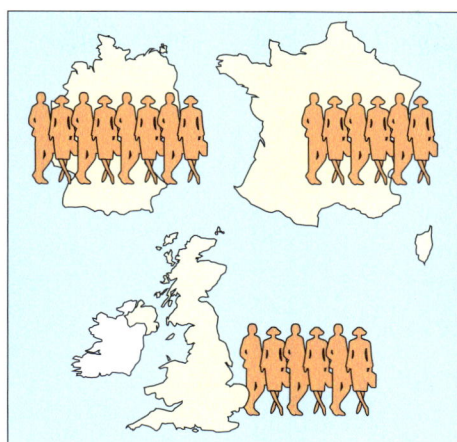

Die drei Länder mit der größten Einwohnerzahl (Jahr 2011)
Deutschland 81,8 Mio.
Frankreich 63,3 Mio.
Großbritannien 62,7 Mio.

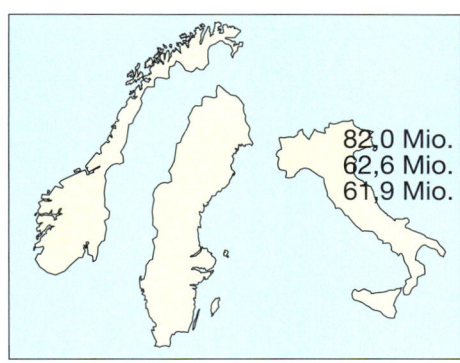

Die drei Länder mit der größten Nord-Süd-Erstreckung
Norwegen 1750 km
Schweden 1577 km
Italien 1200 km

Die größte Tropfsteinhöhle
Adelsberger Grotten (Slowenien)
Länge 22 km

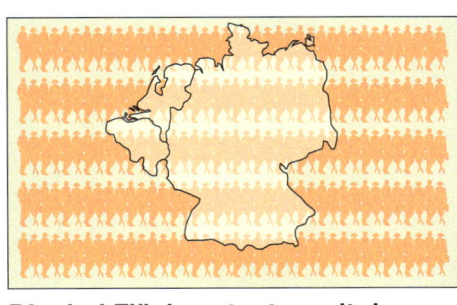

Die drei Flächenstaaten mit der größten Bevölkerungsdichte (2011)
Niederlande 402 Einwohner/km²
Belgien 359 Einwohner/km²
Deutschland 229 Einwohner/km²

Die drei kältesten Orte
Kuusamo (Finnland) −40,0 °C
Haparanda (Schweden) −36,7 °C
Krakau (Polen) −33,3 °C

Die drei längsten Straßentunnel durch die Alpen
St. Gotthard-Tunnel 16,3 km
Fréjus-Tunnel 12,8 km
(Mont Cenis)
Montblanc-Tunnel 11,6 km

Die drei größten Talsperren
Kachowka 18 200 Mio. m³
(Dnjepr, Ukraine)
Krementschug 13 500 Mio. m³
(Dnjepr, Ukraine)
Suorva 5 900 Mio. m³
(Luleälv, Schweden)

Die drei längsten Brücken
Vasco-da-Gama-Brücke 17,2 km
Öresund-Brücke 7,8 km
Großer-Belt-Brücke 6,8 km

Europa – Kenner finden die Lösung

➤ **Bearbeite die Europakarte.**

1. Vervollständige den Verlauf der Donau.

2. Kennzeichne mit gestrichelter Linie den Schifffahrtsweg von der Rheinmündung zum Schwarzen Meer.

3. Kennzeichne mit einem Kreis und beschrifte: Reykjavik, Nordkap, Gibraltar, Istanbul.

4. Trage den Nord-Ostsee-Kanal ein.

5. Zeichne die beiden fehlenden Mittelmeerinseln ein.

6. Markiere den Montblanc und den Ätna mit einem schwarzen ▲.

7. Färbe die 27 EU-Staaten mit hellgrüner Farbe ein (kein Filzstift!).

8. Die Staaten, die 2007 der EU beigetreten sind, erhalten eine dunkelgrüne Farbe.

9. Trage folgende Städte mit einem blauen Punkt und dem Anfangsbuchstaben ein: London, Berlin, Warschau, Oslo, Stockholm, Prag, Kiew, Athen, Rom, Madrid.

10. Verbinde die Städte Reykjavik und Athen mit einer Linie. Ermittle die Luftlinien-Entfernung und schreibe sie an die Linie.

11. Verbinde auch die Städte Madrid und Istanbul. Ermittle die Luftlinien-Entfernung.

12. Welche Staaten grenzen an Europa oder sind nur durch eine Meerenge davon getrennt?

M a r o k k o + T ü r k e i +

R u s s l a n d

Europa aus verschiedener Sicht

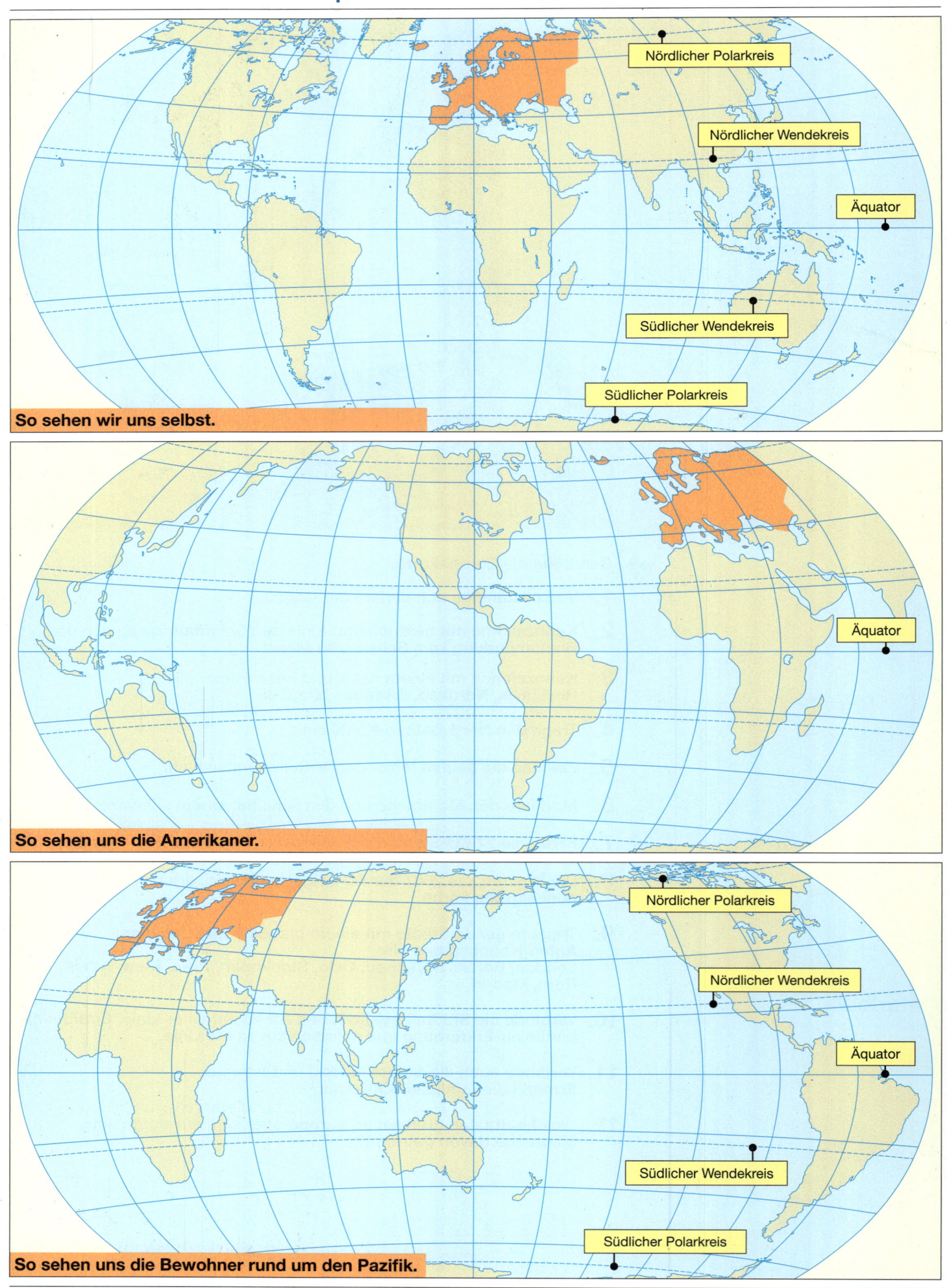